दो कश ज़िंदगी

(कविता)

दो कश ज़िंदगी

राजा

हिन्द युग्म
hindyugm.com
BLUE

ISBN : 978-93-87464-46-9

प्रकाशक :
हिन्द-युग्म ब्लू
201 बी, पॉकेट ए, मयूर विहार फ़ेस-2, दिल्ली-110091
मो.- 9873734046, 9968755908

मुद्रक : रेप्रो बुक इंडिया लिमिटेड
कला-निर्देशन : विजेंद्र एस विज

पहला संस्करण : 2019
मूल्य : ₹100 | $5

Do Kash Zindagi

(A poem by *Raja*)

Published By
Hind Yugm Blue
201 B, Pocket A, Mayur Vihar Phase 2, Delhi-110091
Mob : 9873734046, 9968755908
Email : sampadak@hindyugm.com
Website : www.hindyugm.com

First Edition : 2019
Price : ₹100 | $5

उन सबको समर्पित
जिन्होंने जीवन में कभी
धुएँ का स्वाद चखा है

'राजा'—एक प्रयोगधर्मी रचनाकार

आज 'राजा' एक प्रतिष्ठित रचनाकार के रूप में स्थापित हो चुके हैं। इसके पूर्व प्रकाशित उनकी दो औपन्यासिक रचनाओं ने साहित्य समाज पर एक अलग छाप छोड़ी है। दोनों पूर्ववर्ती रचनाओं में प्रयोग की अलग-अलग झलक दिखाई देती है, जिससे स्पष्ट होता है कि रचनाकार में नए प्रयोगों की बेहतरीन ललक है। इसी ललक की अद्‌भुत झलक उनकी नई रचना, "दो कश ज़िंदगी" में दिखाई देती है।

जब इस रचना की पाण्डुलिपि मेरे हाथों में आई तो मुझे विश्वास ही नहीं हुआ कि दो उपन्यासों में शब्दों के ताने-बाने व विचारों के अनुप्रयोगों से कथ्य व तथ्य को उपन्यास के स्वरूप में प्रस्तुत करने का साहस करने वाले राजा ने यहाँ काव्य के क्षेत्र में इस अद्‌भुत व अविस्मरणीय साहस से क़दम रखा है।

राजा के इस काव्य-संग्रह के शीर्षक से पहले-पहल मुझे आश्चर्य हुआ कि आख़िर कोई भी रचनाकार अपने काव्य-संग्रह के ऐसे शीर्षक के साथ कैसे क़दम उठा सकता है, परंतु जब उसे पढ़ना शुरू किया तो आश्चर्य की सीमा न थी। फिर एक के बाद एक व सारे पदों को पढ़ लिया। शुरुआत की रोचकता से लगता है कि दो कश में ज़िंदगी का रस छिपा है, आगे बढ़ते ही उम्र के साथ पछतावे के भी अनेक दृश्य हैं, परंतु अंतिम पायदान तक पहुँचते-पहुँचते जीवन की सच्चाई से रूबरू होने का मौक़ा मिलता है कि ये दो कश, जीवन को कितना खोखला व बेदम कर देता है। आख़िरकार कवि राजा कह ही उठते हैं कि-

"धुक धुक करती इन नब्ज़ों की बात कौन समझे
दो कश के साथ क्या कुछ फूँक आए कौन समझे
आँखों का तो काम ही है सपना सजा लेना
जो सपने आँखें मलते रह गए उनके जज़्बात कौन समझे।"

अनुभव की कसक, वेदना भ्रमित नहीं करती बल्कि सही रास्ते पर लाती है और यही होता है इस काव्य-संग्रह के साथ। कवि ने बड़े ही मन से, तल्लीनता के साथ एक-एक पदों को लिखा है और साहित्य समाज को इसे सौंपते हुए गौरवान्वित होते हैं। इस काव्य-संग्रह को पढ़ने पर हर पद, जीवन के फ़लसफ़े को कहने में सक्षम है, साथ ही काव्य-कथ्य को आगे बढ़ाने में सक्षम है-

गिनके अतिरिक्त इक्कीस मनके
सौंपता हूँ तुम्हें समझने इनके
फ़लसफ़े फ़ायदे और नुक़सान
ध्यान से चुनना वो भगवान
जो नेक राह दिखाए जब करो बंदगी
उम्मीद है एक तो भाएगी
ज़िंदगी, या दो कश ज़िंदगी।। 4।।

उनके अनुसार नशा ही जीवन नहीं है। उनके अनुसार इसमें उलझी हुई ज़िंदगी बेदम व लाचार होकर हार मान लेती है। इन सबसे मानव इतिहास को ही नुक़सान हुआ है, समाज को क्षति पहुँची है। अत: जागरुकता का पाठ पढ़ाते हुए कवि कहते हैं..

दो कश ज़िंदगी
से आगे भी है कुछ बताने को
अपने ही शौक़ छूट गए ख़ुद से आज अपनाने को
थी माचिस भी पास और बहुत कुछ क़ैद सीने में
पर नहीं बढ़े हाथ अपना ही इतिहास जलाने को।

कवि राजा ने इस काव्य-संग्रह में युवा पीढ़ी के दर्द को बयाँ किया है। वे लोगों को इस दो कश...से मुक्ति का आह्वान करते हैं। वे संदेश देते हुए कहते हैं कि ये काव्य मिथ्या की धरातल पर नहीं लिखा गया है, बल्कि इसमें जीवन के सार तत्त्व छिपे हैं। इस सीख को समझने व अपनाने के लिए साहस की ज़रूरत है। जीवन को आईने की तरह सामने रख उससे चुनौती लेने की ज़रूरत है, क्योंकि ज़िंदगी नशे में उलझ चुकी होती है। तब वो साहस ऐसे ही युवा रचनाकार में आ सकता है जो जीवन को सही राह दिखाए-

उम्मीद है कुछ सीखा होगा
धुएँ से पार कुछ दिखा होगा
कोई ये कल्पित कथा नहीं
किसी एक की ये व्यथा नहीं
बिरले ही मिलते हैं अपवाद
इतने ख़ुशक़िस्मत हैं आप
कि रोज़, ज़िंदगी का जुआ लगाते हैं
इसलिए, धूम्रपान मिटाते हैं।

कवि नितिन जी अपने आरंभिक पदों में जब इस नशे के साथ प्रदर्शित होने वाली एकजुटता की बातें करते हैं तो कहीं महान कवि हरिवंशराय बच्चन जी की मधुशाला की पंक्तियाँ- ''बैर कराते मंदिर मस्जिद, मेल कराती मधुशाला'', याद आ जाती है। ये तुलना नहीं है पर उस पथ के अनुगामी होने का संकेत मात्र हो सकता है। युवा वर्ग को जोश में होश खोते हुए सभी लोग देखते व जानते हैं। समाज की एक ऐसी दर्दनाक तस्वीर भी सामने आती है, जब मेल-जोल बढ़ाने वाले धार्मिक स्थल मतभेदों का कारण बन जाते हैं, तब कवि नितिन जी को विवश होकर कहना पड़ता है-

भेद बढ़ाया मंदिर मस्जिद, गुरुद्वारे घर गिरिजों ने
बाँट के रख दिया इंसानों को, मज़हब के गिर-गिट्टों ने
एक अकेली लकड़ी तो, सहज ही टूटा करती है
अपना घर बचाने देखो, मक्खी भी हिल मिल रहती है
राष्ट्र की सुरक्षा हेतु कश, सबको जोड़ते जाते हैं
चल कुछ धुआँ उड़ाते हैं, चल कुछ धुआँ उड़ाते हैं।।

कवि नितिन जी शुरुआत में, "चल धुआँ उड़ाते हैं", में युवा वर्ग की एकता-एकजुटता की ओर संकेत करने का साहस दिखाते हैं। इस समय इस वर्ग को जुनून होता है, आभास ही नहीं होता है कि ये मार्ग कितना ख़तरनाक व हृदयविदारक है। पर उस जुनून के सैलाब में सारे जोश व होश डूब जाते हैं। ये प्रतिबद्धता अटूट-सी दिखाई देती है-

कितना ख़ास कश है ये
तलब पूरी करने बस है ये
समय का कितना पाबंद है
प्रति प्रहर परमानंद है
वो क्या जाने दो कश का मज़ा
जो इससे क़तई कतराते हैं
चल कुछ धुआँ उड़ाते हैं।।

कवि का काव्य क्षेत्र में नया पदार्पण है, परंतु जिस सिद्धता व सजगता से उन्होंने इस काव्य-संग्रह को प्रस्तुत किया है वह वास्तव में कविता के उनके पुराने प्रेम व पागलपन को दर्शाने में सफल हुआ है। ऐसी झलक उनके उपन्यासों में भी दिखाई देती है। शब्दों के चयन में सजगता है। काव्य में गति व प्रवाह बना हुआ है। कहीं-कहीं लगता है कुछ पंक्तियों पर अलग से कुछ और मेहनत की जा सकती है और अत्यधिक सरल शब्दों का चयन असमंजस भी पैदा करता है। हाँ, पूरी कविता में एक बात जो विशेष खटकती है कि अभी कवि को प्रतीक व बिंबों के क्षेत्र में कुछ श्रम की ज़रूरत अवश्य है, उसे भविष्य में दूर किया जा सकता है। पंक्तियों में कही

शब्दों का कम या ज्यादा होना कथ्य को भले ही बचा कर रखते हों परंतु काव्य के आकर्षण में कुछ बाधा पहुँचाते हैं।

कुल मिलाकर साहित्य समाज साहित्यकार 'राजा' नितिन परिहार के इस नवीन स्वरूप का स्वागत व अभिनंदन करता है। इसके साथ ही उनकी इस प्रयोगधर्मिता को सलाम भी करता है।

-डॉ. ब्रजेश कुमार सिंह 'विशाल'

हिंदी शिक्षक, समीक्षक, लेखक एवं कवि

आभारोक्ति

सबसे पहले तो प्रभु का शुक्रिया जिन्होंने मेरी क़लम थाम कर यह काव्य लिखाया है। तत्पश्चात अपने गुरु श्री ब्रजेश कुमार सिंह का शुक्रिया करूँगा। उन्होंने सदैव मेरा मार्गदर्शन और समर्थन किया है। घर-परिवार की ज़िम्मेदारियों से भी कुछ समय मेरे लिए जाने कैसे निकाल लेते हैं। प्रत्यक्ष और अप्रत्यक्ष रूप से साथ जुड़े बड़े बुजुर्गों और माता-पिता का शुक्रिया। क्योंकि मेरा मानना है कि उनके इनकार के बाद भी उनका आशीर्वाद सदा साथ रहता है। कविवर बच्चन जी, दिनकर जी, दुष्यंत जी, महर्षि वाल्मीकि, महर्षि व्यास जी, गोस्वामी तुलसी दास जी और कबीर दास जी को पढ़ कर उनसे कुछ सीखने की कोशिश सदैव रही है। प्रेरणा श्रोत रहे मेरे दोस्तों और रूम मेट का विशेष तौर पर धन्यवाद।

अंत में उन सबका आभार जो अपना समय अथवा धन व्यय कर मेरे लिखे विचारों से जुड़ते हैं। कोशिश तो यही रहती है कि आपके दिए समय और धन को व्यर्थ न जाने दूँ। और कम-से-कम दो बातें आपके साथ सदा के लिए रह जाएँ। अब तक कितना सफल हुआ हूँ ये तो आप ही जानें पर उम्मीद करता हूँ पढ़ने वाले इस कविता में ज़रूर आनंद पाएँगे।

इस कविता के संदर्भ में कोई ख़ास भूमिका नहीं बाँधना चाहूँगा। आपके विवेक पर है आप इसे जैसे समझें। हाँ, मेरा उद्देश्य किसी को आहत करना क़तई नहीं है और नहीं धूम्रपान का प्रचार करना। कविता के 32वें पद में एक पंक्ति है जिसे पूर्ण करने के लिए मैं कोई एक शब्द चुन नहीं पाया, आपके पास दो विकल्प है 'शख़्स' या 'कश'। दोनों शब्दों में से कोई एक शब्द इस पंक्ति में रख कर कविता को अपने तरह से पूर्ण कीजिए।

कुछ—चिराग़ से रोशन होते
कुछ चिंगारी से जल जाते हैं

इसी तरह 33वें पद में भी 'शख़्स' और 'ऐश' का विकल्प आपके पास है। इस काव्य के बारे में इतना ही कहना चाहूँगा कि इसका विचार सन 2004–2007 में मधुशाला पढ़ने के बाद आया था। पर कभी ऐसे शब्द ही नहीं मिले कि इसे लिख पाता। ख़ैर, हर चीज़ का अपना समय होता है। 2016 में लिखे इस काव्य को आपके समक्ष प्रस्तुत करने का सही समय शायद अब आ चुका है।

– **'राजा'**

काव्य-खंड

कश प्रशस्ति

दो कश ज़िंदगी
ज़मीं से शुरू आकाश पे अंत
संक्षिप्त सा एक जीवन प्रसंग
समझे इसे जिसकी समझ जैसी
निष्पक्ष कहे 'राजा' है नीयत ऐसी
समर्पित उनको जो नित दान कर
चलाते किसी ग़रीब का घर
पर धुआँ ज़मीं उतरे तो श्वास सुन्न
सुन कहीं दो भी सुधरे तो प्रयास पूर्ण
अब शंका कर चाहे ले मज़ा
सवाल कर या करताल बजा
हो आलिंगन या आलोचना, मर्ज़ी तेरी
हाँ, यक़ीनन बहुतों को ख़ुशी देगी मेरी
ये,
दो कश ज़िंदगी
मेरी,
'दो कश ज़िंदगी'।। 1।।

धुआँ चालीसा

दो कश ज़िंदगी
वही गुनगुनाते हैं
जो धुएँ में जीवन पाते हैं
पा जाते हैं सुकून बड़ा
सर पर थोड़ा नशा चढ़ा
बारंबार गुनगुनाते हैं
चल कुछ धुआँ उड़ाते हैं।। 1।।

कितना ख़ास कश है ये
तलब पूरी करने बस है ये
समय का कितना पाबंद है
प्रति प्रहर परमानंद है
पर वो क्या जाने दो कश का मज़ा
जो इससे क़तई कतराते हैं
चल कुछ धुआँ उड़ाते हैं।। 2।।

थकान का फ़ौरन निवारण है कश
तन मन हल्का, कारण है कश
प्रातः के प्रारंभ से, निशा की नींद तक
छाता है छाती पे, हिना से रंग लपट
सत्य है सिर्फ़ यही, मत समझ मुझे ग़लत
सच्चा सुट्टा खींचनेवाले, बहाने बहुत बनाते हैं
चल कुछ धुआँ उड़ाते हैं।। 3।।

किसी नौसिखिए से पूछना
पीना उसे कैसे आता है ?
बनाएगा बहाने यही,
फ़लाने ने सिखाया है मुझे, वही
पहले कश का दाता है
अब नित अभ्यास कर नए–नए
गुरु–शिष्य परंपरा निभाते हैं
चल कुछ धुआँ उड़ाते हैं।।4।।

जीवन का फ़लसफ़ा इम्तहान
पग–पग पर देता अमित ज्ञान
फिर भी औरों से सीखना पड़ता है
उद्यमी मनुष्य, आकाश चूम ही लेता है
कितनी अद्वित कला ये नित
हम धुएँ से सीख कर आते हैं
चल कुछ धुआँ उड़ाते हैं।।5।।

तप है कठिन जीवन में किंतु
तपस्या से सिद्ध साधते सिंधु
धूनी रमाते मुनि महात्मा
शुद्धि पाते शरीर व आत्मा
भीतर बाहर की ऐसी तृप्ति
जब धुएँ में डुबकी लगाते हैं
चल कुछ धुआँ उड़ाते हैं।।6।।

बचपन में खींचते देखा था
फ़ैशन को जीतते देखा था
अपने नायक की लगा नकल करने
शीघ्र ही नालायक़ सा सम्बोधन सुनने
पर वो क्या जाने ताने कसने वाले
धुएँ के छल्ले कैसे बनाते हैं
चल कुछ धुआँ उड़ाते हैं।।7।।

हुनर हुनर की बात है पगले
भगवान बता कर भक्त को ठग ले
दुनिया तो जाने जादू टोना
अपना तो बस यही खिलौना
बिना हटाए अधरों से हम
सिगरेट ख़त्म कर जाते हैं
चल कुछ धुआँ उड़ाते हैं।।8।।

कई दिनों की जी मेहनत लगती
करतब की तब कला निखरती
करतब ही तो है, चिड़िया के विविध घोंसले
मधुमक्खी के छत्ते, घर में मकड़ी के जल्ले
बिना इतराए करतब चार, करके अभी दिखाते हैं
बिना झड़ाए एक मीनार, राख की खड़ी बनाते हैं
चल कुछ धुआँ उड़ाते हैं, चल कुछ धुआँ उड़ाते हैं।।9।।

हरकत करता समय निगोड़ा
हसरत रखता मन भी थोड़ा
अजब आशिक़ी में डूबा जाता है

कुछ समझ इसे नहीं आता है
दीवानों सा भटके इधर उधर
ये ना जाने इतना पर
कब सपने सच कहलाते हैं
चल कुछ धुआँ उड़ाते है।। 10।।

एक नज़र ने दिल को छुआ
समाँ भी था कुछ धुआँ-धुआँ
था सच्चा शायद प्रेम वो
डर लागे न दूँ उसको खो
माचिस के साथ ये सलाह मिली
दो कश खींच, सच बतलाते हैं
चल कुछ धुआँ उड़ाते हैं।। 11।।

इश्क़ से मीठा इसका ज़िक्र
बेवजह ही बढ़ती फ़िक्र
हाँ सुंदर थे सपने सब चित्र
मर्यादा ओढ़े प्रेम पवित्र
कैसे सुनता बातें बेढंग
आख़िरकार होकर तंग
अपने प्रेम प्रसंग छुपाते हैं
चल कुछ धुआँ उड़ाते हैं।। 12।।

सच से हुआ जब सामना
टूटी हर एक मनोकामना
एक और अधूरी प्रेम कहानी
मैं कहाँ कृष्ण, वो मीरा दीवानी
बेबस नासमझ इस मन के संग
भजन बस यही अब गाते हैं
चल कुछ धुआँ उड़ाते हैं ।। 13 ।।

तोड़ गए दिल तोड़ने वाले
छोड़ गए अपना बोलने वाले
किसे समझाएँ अब ये हाल अपना
कैसे भुलाएँ अब वो साथ सपना
इस दिल को जलाकर, यादों को दफ़नाते हैं
उसी धुएँ में अपने इश्क़-ए-अश्क़ छुपाते हैं
चल कुछ धुआँ उड़ाते हैं ।। 14 ।।

जीवन को आगे बढ़ना है
हे मनुष्य तुझे चलना है
छूटे चाहे कभी कोई साथ
समझ ज़रा इतनी-सी बात
अच्छी याद सोच मुस्काते हैं
बुरे सपनों को जल्द भुलाते हैं
चल कुछ धुआँ उड़ाते हैं ।। 15 ।।

पल-पल बदलता जीवन देखो
हर पल बहकता यौवन देखो
कई रिश्तों में बँध जाता है

बहुत कुछ पीछे छूट जाता है
नए जुड़े संबंधों में भी
कुछ काश पास रह जाते हैं
चल कुछ धुआँ उड़ाते हैं।। 16।।

सिगार महँगी बीड़ी सस्ती, चिलम बनाते देर है लगती
पाइप अंग्रेज़ी हुक्का देशी बुड़बुडाते फ़ुरसत लगती
बहुत गुणों में अलग है लेकिन, गोदाम गर्म ठंडी का
बहुरूपों में सजी हुई है निसदिन, धूम्रपान डंडिका
अपने ऊपर निर्भर करता, कौन-सा कश खींचना चाहते हैं
चल कुछ धुआँ उड़ाते हैं, चल कुछ धुआँ उड़ाते हैं।। 17।।

प्रेम के जाने कितने ही रूप
प्रेम करती कलियाँ और धूप
सूर्य संग घूमती सूर्यमुखी
चाँद को तकती चकोर सुखी
एक अनोखा प्रेम रंग
हम, इस कश के संग लगाते हैं
चल कुछ धुआँ उड़ाते हैं।। 18।।

कश प्रेमी दो कश में ख़ुश हैं
शक़ प्रेमी जो करते शक़ हैं
कभी बताते अधरों को काले
कभी दिखाते उँगली के छाले
पर कश प्रेमी, बेशक़ बेसब्र
इश्क़-ए-कश निभाते हैं
चल कुछ धुआँ उड़ाते हैं।। 19।।

फल लदे पेड़ ही पत्थर खाते
पहले सीधे पेड़ ही काटे जाते
कुशल सफल होकर भी सहते
सरल सहज ही शोषित होते
कलयुग में मनुज परख के चलिए
कलयुग में सतयुग से न रहिए
साध के मौक़ा, वरना यहाँ
गधे भी गणित सिखाते हैं
चल कुछ धुआँ उड़ाते हैं।। 20।।

दोस्तों की हसीन महफ़िल में
आख़िरी बूँद तक की मंज़िल में
चकने के साथ गीत ग़ज़ल चला
दम भर बाँटते ग़म दुखड़ा
व्यस्त हो चुकी इस जीवन शैली में
अब महफ़िल अकेली सजाते हैं
चल कुछ धुआँ उड़ाते हैं।। 21।।

बारिश में थोड़ा भीग कर
ठंडी में थोड़ा ठिठुर कर
चाय की चुस्की औ पकौड़े संग
सुट्टे की गर्मी नव जोड़े रंग
दुपहिए पे होके सवार,
हल्की उसी फुहार में
होठों पर आग नई सुलगाते हैं
चल कुछ धुआँ उड़ाते हैं।। 22।।

चिंगारी नहीं ये निमंत्रण है
कशखोर काव्य चित्रण है
जो भरे पड़े हैं भक्त जहाँ में
उनके लिए करूँ अखंड पाठ मैं
पुष्पों और कलियों के बदले
स्वागत में धुआँ बिछाते हैं
चल कुछ धुआँ उड़ाते है।। 23।।

कही न होगी, कहीं न होगी
रही न होगी, सही न होगी
वो सच्ची श्रद्धा, आस्था जो कि
दो कश की करता, उपासना जोगी
जो किसी शख़्स से, सुनी न होगी
अलबेली ऐसी, धुआँ चालीसा सुनाते हैं
चल कुछ धुआँ उड़ाते हैं।। 24।।

बुरे वक़्त में इंसानों को, दिख जाते सारे भगवान
फ़र्क भुला के मंदिर-मस्जिद, घूम आते सिद्ध स्थान
उसका उसी को करके अर्पण मन अपना बहलाते हैं
भंग भिगो के कश में, करते दर्शन
भोले का प्रसाद सही हम पाते हैं
चल कुछ धुआँ उड़ाते हैं।। 25।।

बम भोले जय भोले से, धर्म विशेष एक दिखता है
पर कब कश किसी कर्मठ में, धर्म का भेद करता है
कश खींच कर, एक ही दम में या तो काशी काबा हो लें
या भुला कर धर्मोधारणा, न अल्लाह नहीं भोले बोलें
फूँक फूँक कर ऐसे कितने, कश नित भेद मिटाते हैं
चल कुछ धुआँ उड़ाते हैं, चल कुछ धुआँ उड़ाते हैं।। 26।।

कौन जी काला और कौन गोरा
हो कोई सी छोरी या कोई छोरा
मिल बाँट कर बेहद मारे दम
थोड़े बेफ़िकरे थोड़े बेशर्म
कश खींचने वाले फूँकते फूँकते
भाईचारा बेहद बढ़ाते हैं
चल कुछ धुआँ उड़ाते हैं।। 27।।

चिलम एक ही साझा करते, गाँव का मुखिया और किसान
चिलम जात के भेद मिटा दे, सबको समझे सिर्फ़ इंसान
जात न पूछे दम भरने वाले, प्रांत न सोचे संग फूँकने वाले
हरिजन दक्खन उत्तर पूर्व; विश्व खड़े मिल जाते हैं
चल कुछ धुआँ उड़ाते हैं, चल कुछ धुआँ उड़ाते हैं।। 28।।

देश एक है एक ही गान, सबको गाना चाहिए
भेद भुला के जात प्रांत के, मिलके रहना चाहिए
हो रही समस्या राष्ट्रगान से, राष्ट्र विरोधी तत्त्वों को
आज़ाद देश में आज़ादी, माँग रहे कई मूर्खों को
बात-बात में कश खींचते-खींचते, कई तथ्य सामने आते हैं
चल कुछ धुआँ उड़ाते हैं, चल कुछ धुआँ उड़ाते हैं।। 29।।

भेद बढ़ाया मंदिर मस्जिद, गुरुद्वारे घर गिरिजों ने
बाँट के रख दिया इंसानों को, मज़हब के गिर-गिट्टों ने
एक अकेली लकड़ी तो, सहज ही टूटा करती है
अपना घर बचाने देखो, मक्खी भी हिल-मिल रहती है
राष्ट्र की रक्षा हेतु कश, सबको जोड़ते जाते हैं
चल कुछ धुआँ उड़ाते हैं, चल कुछ धुआँ उड़ाते हैं।। 30।।

दुनिया ने मुझको धुएँ में देखा, पर मैंने धुँधलाती दुनिया
धर्मांध होकर लड़ी पड़ी है, मनु वंशी मनुज चिड़िया
ख़ुद को ही भीतर नोचती रहती, लोलुप प्रवृत्ति और ईर्ष्या
धुँ-धुँ कर नर को जलाती, आडंबर अभिमान और मिथ्या
दंगों के दूषित धुएँ से, ध्यान ज़रा भटकाते हैं
चल कुछ धुआँ उड़ाते हैं, चल कुछ धुआँ उड़ाते हैं।। 31।।

अति दौड़ाती इच्छाएँ
यक़ीं तोड़ती अपेक्षाएँ
विपत्ति से सच्चा शिक्षक नहीं
परिस्तिथि से अच्छा परीक्षक नहीं
कुछ शख़्स चिराग़ से रोशन होते
कुछ चिंगारी से जल जाते हैं
चल कुछ धुआँ उड़ाते हैं।। 32।।

आग लगी तो धुआँ उठेगा
जलेगा कुछ तो राख बनेगा
बिना जलाए जलती दुनिया
ख़ाक ईमान हो जाते हैं
कुछ तो गिरते अपने से
कुछ चुटकी में झड़ जाते हैं
चल कुछ धुआँ उड़ाते हैं।। 33।।

दौड़ती भागती ज़िंदगानी में
कुछ तो ठहराव चाहिए
जाने निकलना है किसके आगे
क्यों दो और पाँव चाहिए
हो जाएँ ज़रा ख़ुद से रूबरू
दो पल रुककर कहीं बिताते हैं
चल कुछ धुआँ उड़ाते हैं।। 34।।

जीवन की आपाधापी में
जो सुकून मिला वो कश से मिला
बच्चों की फ़ीस और बड़ों की दवा
बीवी की साड़ी और भूखा चूल्हा
किसी कोने में मैं अकेला, क्या करता
मैं क्या करता, सोचा अपनी चिंता मिटाते हैं
चल कुछ धुआँ उड़ाते हैं।। 35।।

सिगरेट नहीं तो बीड़ी दे दे
जीवन को मेरे एक सीढ़ी दे दे
वरना मैं पागल हो जाऊँगा

सकुशल घायल हो जाऊँगा
समझता नहीं क्यों व्यथा तू मेरी
नशेड़ी यूँही नहीं बीड़ी-बीड़ी बड़बड़ाते हैं
चल कुछ धुआँ उड़ाते हैं।। 36।।

तलब तलब में, तड़पता तब तक
जगह जगह पे, जकड़ता जब जग
तक तक तक तक, तकता रहता
दो टुक दो टुक, ताने देता
फूँकते मुख पे तानों के, दे
कश पे कश लगाते हैं
चल कुछ धुआँ उड़ाते हैं।। 37।।

नशे में रहूँ मैं डूबा डूबा
दिन में डूबा रात में डूबा
जीना मारना है मात्र कश
शक़ करे न मुझपे आप कश
मर कर मेरी जन्नत वहाँ
जहाँ ख़ुदा भी धुआँ उड़ाते हैं
चल कुछ धुआँ उड़ाते हैं।। 38।।

समय से बड़ा बलवान कौन
संयम साधे विद्वान मौन
साधना में अपनी रहे निरंतर
आने वाले मौक़े को तत्पर
तुरंत लपक ले जाते हैं
वैसे ही दो कश के प्रेमी
मौक़ा मिले तो भुनाते हैं
चल कुछ धुआँ उड़ाते हैं।। 39।।

सतह से शिखर तक
अधर से जिगर तक
धुआँ सफ़र तय करता है
मानव मगर क्यों डरता है
जीने को पड़े नहीं साल कई
सालों से समझाए बात यही
जलती राहों पर चलने वाले
शिखर पे पहुँच ही जाते हैं
जिगर में उतर ही आते हैं
चल कुछ धुआँ उड़ाते हैं
चल कुछ धुआँ उड़ाते हैं।। 40।।

कश प्रेम कथा

ज़िंदगी में बदलते दौर कई
नज़रअंदाज़ करे, करे ग़ौर कोई
कभी क़समें, कभी चिंता बनकर
कभी डाँट डर या प्यार बनकर
ख़ुद की आज़ादी पर भी
पहरे कई लग जाते हैं
ए ज़िंदगी, हम तो बस
दो कश खींचना चाहते हैं।। 1।।

पाबंदियों का बढ़ता ज़ोर
बढ़ती उमर बंदा कमज़ोर
नसीहत, नुस्खे, निंदा, निस्तार
कहाँ छूट गए वो दोस्त यार
अब तो बस हमसे मिलने
वैद्य हकीम ही आते हैं
ए हकीम, हम तो बस
दो कश खींचना चाहते हैं।। 2।।

बढ़ता देख जान का ख़तरा
पीने को कहा क़तरा क़तरा
पर संयम सारा ढह जाता है
जब तलब का सागर लहराता है
कहाँ समझता वो वैद्य निष्ठुर
कहा "संपूर्ण पाबंदी लगाते हैं"
ए हकीम, हम तो बस
दो कश खींचना चाहते हैं।।3।।

सच समझते देर लगी
जीवन से करते रहे ठगी
आदतें हमेशा अच्छी हों
बुरी लत से मुसीबत सौ
आज़माइश इक हद तक अच्छी
लत लगा लोग पछताते हैं
ए ज़िंदगी, हम तो बस
दो कश खींचना चाहते हैं।।4।।

बेचैनी में जी जो मचलता है
तो छुपके फूँकना पड़ता है
छुप छुपा के पियूँ कोई चोर नहीं
ख़ुद के पैसों पर भी क्या ज़ोर नहीं?
इतने बेबस जीवन में अब
सब बेबाक फूँकना चाहते हैं
ए ज़िंदगी, हम तो बस
दो कश खींचना चाहते हैं।।5।।

जाने ये मन रे सही ग़लत
पर पूरी करने अपनी लत
छुप छुपा के फूँके कुछ महीने
धरा गए तो सब ये लगे कहने
''अपनी नहीं तो अपनों की सोच
अब न पीने की क़समें तुझे दिलाते हैं''
ए अपनों, हम तो बस
दो कश खींचना चाहते हैं।।6।।

कुछ दिन तक क़समों ने रोका
कुछ दिन तक अपनों ने टोका
एक दिन ये मन मचल पड़ा
पर, पिंजरे में पर फड़फड़ा
के, जीना यहाँ मुमकिन नहीं
कुछ उड़ उड़ा के आते हैं
ए पाबंदी, हम तो बस
दो कश खींचना चाहते हैं।।7।।

मारा-मारा भटका-भटका
ढूँढ़ रहा ठेला टपरा
इतने रास्ते जाने किसपे
शीघ्र सुकून पाऊँ फिरके
पूछता फिरता इससे उससे
पर सभी मुझे भटकाते हैं
ए रास्तों, तुम्हीं बता दो
दो कश कहाँ मिल पाते हैं।।8।।

''भटकता रहेगा यूँ ही पूछ-पूछ
ख़ुद से ही सही अब राह तू बूझ
विचलित करेंगे सभी हँसते-हँसते
जिनके लिए तेरी मंज़िल तुच्छ
जान ले,
जान है जिसमें चलने की
उसे पान-ठेले कई मिल जाते हैं
ए राही, राह तो बस
बात यही समझाते हैं''।। 9।।

कितना चलूँ और कितना चलूँ
मंज़िल है दूर चाहे जितना चलूँ
दिखा न अब तक अंतिम पड़ाव
खड़ा सामने फिर एक चढ़ाव
लगे मुझे दो कश के क़िस्से, किसी
ख़ुशनसीब के हिस्से ही आते हैं
ए मंज़िल, अब तू ही बता दे
तुझे किस तरह से पाते हैं।। 10।।

''कई मोड़ कमर तोड़
कभी दौड़ना न छोड़
मैं मिलूँगी एक रोज़
खड़ी स्वागत में हाथ जोड़
नसीबों से मिलते पुश्तैनी महल
शहंशाह सल्तनत अपनी बनाते हैं
ए 'राजा', कर मेहनत बस
नसीब ख़ुद-ब-ख़ुद खुल जाते हैं''।। 11।।

हार तय है जो मैं चला नहीं
चलने से ही धुँधली कहीं
मंज़िल देख, क़दम दौड़ने लगते हैं
मंज़िल पे सारे दर्द बौने लगते हैं
है मुश्किल पर मंज़िल तक
परिश्रमी पहुँच ही जाते हैं
ये मुश्किल राह तो बस
मंज़िल को हसीन बनाते हैं।। 12।।

पानठेला सजा है ऐसे जैसे, महल-ए-महाकाल अवंतिका
मैं कशप्रेमी प्रेयसी मेरी, धूम्रपान-डण्डिका
दीवाने बहुत से जुटे हुए हैं, क़िस्मत अपनी आज़माने को
पर मैं भी ठहरा सच्चा आशिक़, तैयार तुझे भगाने को
ठेलते रोकते माँगते पैसे, मुझे बड़ा सताते हैं
पहरे पे बैठे तेरे अपने, तुझे बेच कमाते हैं
ए चिलम, चल चीख के बता दें
कितना एक दूजे को चाहते हैं।। 13।।

मिल गई मंज़िल पाया सुकून बड़ा
ठेले पर सिगरेट के साथ खड़ा
देखा मुझे मेरे अपनों ने
मैं बेसुध सा अपने सपनों में
देख उनकी आत्मा चिल्लाई
सब अब रिश्ते तोड़ के जाते हैं
ए लत, ये तूने क्या किया
ख़ुद से आँख मिला न पाते हैं।। 14।।

काँच जैसी भरोसे की सतह
टूटे जो, न रहे पहले की तरह
गाँठ रस्सों की जल भी जाती है
पर रिश्तों की ज़हर फैलाती है
रिश्ते हो गए इतने ठंडे कि
अल्फ़ाज़ भी धुआँ हो जाते हैं
ए अपनों, हम भी तो इस
लत को छुड़ाना चाहते हैं।। 15।।

थे रूठे वो मेरे लिए
मेरे लिए ही मान गए
जन्मदिवस पर मेरे अपने
सिगार का पुड़ा थाम गए
आत्मग्लानि से भरते मुझको
गीत सभी वे गाते हैं
"ए प्यारे, हम तो बस, तेरी
दो कश ज़िंदगी तुझे लौटाते हैं"।। 16।।

दिल तो चाहे लत छोड़ने को
पर तलब कब इसे छूटने दे
वैद्य हकीम भी कहने लगे
"तू अपने हाथों अपना दम घुटने दे
अब मौक़ा है बिल्कुल आख़िर, ये
सच तुझे बतलाते हैं
तेरे अपने यूँ ही नहीं
दो कश छोड़ने चिल्लाते हैं"।। 17।।

सुन कर वैद्य को मुझको अच्छे
आसार नज़र नहीं आते थे
हम पर कश को किसी ओर से
बीमार नज़र नहीं आते थे
सन्न रह गए सुनके ये कि
अब कर्क रोगी कहलाते हैं
ए ज़िंदगी, हम तो अब
दो कश छोड़ना चाहते हैं।। 18।।

खाँस खाँस कर हालत हुई ख़राब
फेफड़ों में कालिख बेहिसाब
हाँ दूर हूँ मैं कुछ दिन से
कश से या फिर मैं ख़ुद से
ख़ुश हैं सब मेरे इस तप से
मुझे बहुत बहुत वो चाहते हैं
ए ज़िंदगी, हम तो अब
अपनों के संग जीना चाहते हैं।। 19।।

प्रेम है सच्चा मुझे मेरे कश से
और मेरे अपनों से भी
बड़ी दुविधा में पड़ा हुआ हूँ
न चाहूँ त्यागना एक को भी
यदा-कदा कश खींचे मुझको
रिश्ते रोकते समझाते हैं
ए कश, अब हम तो बस
इस कशमकश से निकलना चाहते हैं।। 20।।

धूम्र संवाद

व्याकुलता ने घेरा मुझको
कोने में कर मुझे खड़ा
जिस कश को मैं खींच रहा था
वही कश अब समक्ष खड़ा
प्रेम मुझे था जिस कश से जीवनपर्यंत
कंधों पर सर रखके उसके पाया मैंने मूलमंत्र,
"विपरीत स्थिति में बहादुर नहीं घबराते हैं
चल दो कश खिंच कर आते हैं"।। 1।।

सवाल वही था कश ही क्यों
दो पल क्यों नहीं
पीछे छूटेगा परिवार अकेला
क्यों दूर तुमसे रहूँ नहीं
होगा क्या उनका रब ही जाने
और आप लगे हैं ये समझाने
कि दो कश खींच कर आते हैं
क्यों ? कश खींच कर आते हैं।। 2।।

"ज़िंदगी वही है जिसमें ख़ुशी हो
ज़िम्मेदारियों को जीवन का नाम न दे
पूरा करना तेरा काम है
क़िस्मत को फ़िज़ूल इल्ज़ाम न दे
रो कर भी तू रोगी ही होगा
होना है जो वही ही होगा

चल कुछ हँसी चुरा कर लाते हैं
चल दो कश खींच कर आते हैं''।।3।।

कहता गया वो दूत, मेरा धुआँ ही मुझसे
सुनता रहा मैं ख़ूब, बातें उस मुख से
''जब तक खींचा किया तब तक जिया
तेरे लिए यार, यही न सच्चा जीवन था
दिन रात मुझे तू ढूँढ़ा किया
तेरे लिए क्या, कहीं न दूजा जीवन था
अपनाना मुझे इतना सहज भी नहीं
छोड़ने में तो प्राण निकलते जाते हैं
चल दो कश खींच कर आते हैं
दो कश खींच कर आते हैं''।।4।।

''देख ज़रा उस बादल को, बरस कर क्या उसका अंत होता है
वो बरसता है आँगन में तो, सौंधी-सी ख़ुशबू का जन्म होता है
होता न अगर जो साथ मेरा, तो तू पहले ही टूट चुका होता
टूटे दिल से भरे कमरे में, कम चेहरे खिलखिलाते हैं
चल तन्हा कहीं मुस्काते हैं, दो कश खींच कर आते हैं''।।5।।

''आज ख़ुश परिवार जो तेरा, तेरी ख़ुशी के कारण है
दुखी परिवार से दुखी देश, बहुत दुखी नारायण है
दुखी जो सोता तू तो, आज यूँ हँसता परिवार न होता
मरता भी होता तू तो, तेरे अपनों को फ़र्क नहीं पड़ता
सुखमय जीवन है सुखी परिवार, इसी का शुक्र मनाते हैं
दृश्य हसीन तुमको चार, और अभी दिखलाते हैं
चल दो कश खींच कर आते हैं, दो कश खींच कर आते हैं''।।6।।

''सिक्के के तो होते पहलू दो, जीवन के होते नित नए
अपनी सुविधा से हम चुनते, बहाने कितने नए-नए
कल तक जीने के मायने कुछ थे, अब जीने के बदल गए
कल खींचने के फ़ायदे कुछ थे, अब एक कश के भी नहीं रहे
ऐसी दोगली दुनिया की हर फ़िक्र धुएँ में उड़ाते हैं
दो दम भींच भरमाते हैं, दो कश खींच कर आते हैं''।। 7।।

''कोशिश करना काम है नर का, हो चाहे नर बने नारायण भी
कोशिश ही तो कर रहे थे राम, लंका न ढहे रावण की
कोशिश करके ही तो सीखते चलना, कोशिश करके ही तैरना
कोशिश करके ही नन्ही-सी चिड़िया, सीखे आसमान पर उड़ना
अंजाम नहीं कभी हाथ में अपने, पर कोशिश कर आज़माते हैं
अगर छोड़ना ही है तुझको, तो दो कश से ज़िंदगी खींचे लाते हैं''।। 8।।

''वीराने से गुज़र जाना आसान है, किंतु पुष्प खिलाना कब मना है
दीवाने से डर जाना आसान है, किंतु गले लगाना कब मना है
बढ़ जाएगी ख़ुद ही हिम्मत, एक बार कठिन कुछ करके देख
हाँ रुकेगा और गिरेगा, उठ फिर सँभल कर चल के देख
जग जाने उस माँझी का नाम, जो पहाड़ों से टकराते हैं
ऐसी मिसालों के ही साथी, दो कश से ज़िंदगी खींच लाते हैं''।। 9।।

''साथ हो चुका बहुत पुराना, भूल पाना थोड़ा मुश्किल है
हिम्मत से आगे बढ़ते जाना, बहुत सुंदर सौम्य मंज़िल है
ज़िद करेंगी नित आदतें, पर तू अडिग हिलना नहीं
ज़ेब में पड़ी अपनी प्रेयसी का, चुंबन कभी करना नहीं
तूने ही ज़िंदा किया मुझे, अब हाथों तेरे तेरी ज़िंदगी सौंप जाते हैं
ख़ुद पर संयम रखने वाले, दो कश से भी ज़िंदगी खींच लाते हैं''।। 10।।

बड़बड़ाती बीड़ी

धुँध सारी हट चुकी थी पूरी, धुआँ भी अब न दिखता था
पास पड़ी प्रेयसी से, भी तो अपना कोई रिश्ता था
पर निष्ठुर हो जब लगा मैं तोड़ने, तो चिलम भी चिल्लाई
''एक आख़िरी आलिंगन दे दे, फिर तो अपनी प्रीत पराई
कहाँ कहाँ न गई मैं तुझ संग, कहने में शरमाते हैं
बस इतना बता दे मुझको, दो कश कब से तुझे सताते हैं''।।1।।

''जीवन तेरे पहले भी था, और तेरे ये बाद भी होगा
पर क्या तूने जीवन जिया, सवाल यही अहम होगा
जब भी तुझे याद किया जाएगा, मैं याद सहज आ जाऊँगी
तेरी कितनी ही तस्वीरों में, मैं अधरों पर मुस्काऊँगी
दीवाने तुझसे बहुत हुए, बहुत फूँक-फूँक मर जाते हैं
उनके बाद भी लेकिन उनके, दो कश क़िस्से अमर रह जाते हैं''।।2।।

''याद दिलाती हूँ तुझको कुछ अनमोल प्रेम की लीलाएँ
बाग़ बगीचे सजे हुए थे, खग ख़ूबसूरत गीत गाएँ
लेटा हुआ तू घास पे औंधे, अधरों पर मेरी आस लिए
तकते रहते नील गगन को, मैं बुझाती तेरी प्यास प्रिये
बहती हवा के संग अभी भी, नृत्य वही दिखलाते हैं
भूल न जाए तू कल ये सब, इसलिए दो कश क़िस्से दोहराते हैं''।।3।।

''तन्हा उन राहों पर फिरना उँगली पकड़ कर हाथ मेरा
पीने से पहले उलटे पटकना, था जुदा अंदाज तेरा
मूलत: तर्जनी मध्यमा के मध्य, मैं अपनी जगह पाती थी
कभी हथेली भर गहरे दम से सीधे सीने तक आती थी
साँसों में बसकर अक्सर प्रेमी, मोहब्बत को महकाते हैं
सच्चे आशिक़ देख चेतावनी, दो कश फिर भी लगाते हैं''।।4।।

''स्वाद चखा है सबका तूने, बीड़ी सिगरेट हुक्का हो
लंबी लंबी खींचा तूने, पानी फ़िल्टर मूठ्ठा हो
स्वाद बढ़ा अब जीवन में सबके, अपने पराए ग़ैर सही
हँसी ख़ुशी सबको दे जीने, पशु प्रकृति पेड़ सहित
हो संतुलित जीवन तो इच्छुक, जल्द ही कुछ कर जाते हैं
बाक़ी अपना अलोना जीवन, दो कश खिंच सुलझाते हैं''।।5।।

''खाँस खाँसकर कोस मुझे, अब खा क़समें दूर रहने की
पर तू अकेला कहाँ जला, संग तेरे मैं भी रही जलती
प्रेम सदा से यूँ ही रहा है, प्रेमी जलते रहते हैं
जलती रहती दुनिया उनसे, सभी ताने कसते रहते हैं
रखो लाख पहरों में फिर भी, प्रेमी मिल ही जाते हैं
समझे वही जो चोरी छुपके, दो कश खींच कर आते हैं''।।6।।

''नहीं समझ आता समझेगा, कौन तेरे जलने का ग़म
पैर मसल कर रख देती दुनिया, मतलब जैसे हुआ ख़त्म
धुआँ ही देखा सबने, लेकिन बदन भर चिंगारी थी
ख़ुशी हमेशा नहीं थी कारण, कुछ रुसवा रिश्तेदारी थी
जो औरों की सोचा करते, वो अक्सर तन्हा ही रह जाते हैं
अग्नि से करते ख़ुद की शुद्धि, फिर भी दो कश के पापी कहलाते हैं''।।7।।

"जाना ही है एक दिन सबको, कोई साथ सदा नहीं रहता
पर कुछ पल तो हाथ पकड़ कर, शिद्दत से अपना कहता
जलता बुझता रहा ये जीवन, एक माचिस की काड़ी से
मगर प्रेम पाखंडी परे रहा, मुझसे मासूम मदारी से
मुझ जैसे कई चिलम चहेते, फूँक के फेंक दिए जाते हैं
ज़िंदगी भर के बस दो कश रिश्ते, अंत तक चल पाते हैं"।। 8।।

"बहुत निभाया साथ भी तूने, जितनी तेरी क्षमता थी
बहुत दिलासा दिलाई मैंने, जितनी मुझमें ममता थी
छुप छुपा कर रही हूँ घर में, दिल जिगर और साँसों में
अब अलग भी कर दे मुझको, या बनूँ सती संग लाशों में
कुछ कहते हैं संग चिता के, कोई वस्तु ख़ास जलाते हैं
देखूँ ज़रा तो मैं भी आशिक़, दो कश कितने याद आते हैं"।। 9।।

"कर ले चाहे भीष्म प्रतिज्ञा, दुनिया अंबा सी आड़े आएगी
कभी फूँकेगी सामने तेरे, कभी हुक्का बुड़बुडाएगी
प्रेम था सच्चा इसलिए तेरी, चिंता में मरते जाती हूँ
मेल है आख़िर जाने से पहले, बात पते की बताती हूँ
ताने कसने वाले अक्सर, अपने पाप छुपाते हैं
चेहरों पर हैं कितने चेहरे, हर दो कश में बदलते जाते हैं"।। 10।।

आत्म संवाद

कह चुका था धुआँ, कह चुकी थी बीड़ी
अब मन के कहने की बारी थी
कठोर होकर मैंने उँगली मरोड़ी
हाथों में टूटी प्रेयसी प्यारी थी
धिक्कारा मन ने मेरे जीवन को
कहा "रे मूर्ख, इस विष धन को
प्रेयसी नहीं बुलाते हैं
चल कुछ धुआँ छुड़ाते हैं"।।1।।

"शोषण को कहता पाप है
शोषित जीवन एक श्राप है
फिर क्यों शोषित होता है
निर्जीव वस्तु को रोता है
दो कश की ये कैसी गुलामी
जो हर पुकार पे हाज़िरी लगाते हैं
चल कुछ धुआँ छुड़ाते हैं"।।2।।

"ये धुआँ ही तेरा जीवन है
या धुएँ में ही तेरा जीवन है
तू सिगरेट को पीता है
या सिगरेट तुझको पीती है
धुँध हटा और देख ध्यान से
नज़रिया नया दिखलाते हैं
चल कुछ धुआँ छुड़ाते हैं"।।3।।

“पैदा हुआ तो कौन-सा ऐब था
अक्ल बड़ी तो लत में क़ैद था
दौलत की लत और नशे की लत
शोहरत, उल्फ़त, मद भरी नफ़रत
ऐब हटा कर थोड़े-थोड़े
फिर बच्चे बन जाते हैं
चल कुछ धुआँ छुड़ाते हैं”।।4।।

“पड़ोसियों का डर न रहेगा
कोई देखे तो क्या कहेगा
बहुत कुछ है चिंतन करने को
धुएँ के अलावा मंथन करने को
जीवन अयन बर्बाद न कर
निर्मल नयन उस पार तू धर
धुँध धरी धरा पर चलते-चलते
पथिक भटक से जाते हैं
चल कुछ धुआँ छुड़ाते हैं”।।5।।

“काम भला है तो छुपना क्यों
सबको बतलाते रुकना क्यों
कुछ तो हिचकता मन है न
या निस्ता तुझे बेशर्म कहना
भले कर्मों पर क़ानूनी फ़रमान
कब पाबंदी लगाते हैं
चल कुछ धुआँ छुड़ाते हैं”।।6।।

"कश कितना झूठा होता है
स्वर्ग-सा अनुभव देता है
धुएँ ने सब कुछ लियो छुपाए
नर्क को स्वर्ग रे दियो बताए
फूँक फूँक के जाने कितने
स्वर्ग सिधार हो जाते हैं
चल कुछ धुआँ छुड़ाते हैं"।।7।।

"माना तुझे कोई ख़ौफ़ नहीं है
पर ये अच्छा शौक़ नहीं है
बोले ख़ास कोई दोष नहीं है
किंतु आज तू निर्दोष नहीं है
विषैली वायु का तू उत्तरदायी
ख़ुद के लहू में आग लगाई
ख़ुदकुशी के ये युक्ति प्रयोजन
यज्ञ हवन नहीं कहलाते हैं
चल कुछ धुआँ छुड़ाते हैं"।।8।।

"भोले का तू प्रसाद समझ के
घोले विष तू बिना हिचक के
शिव नहीं जो तू विष पी ले
विष को प्रसाद का नाम न दे
ओ! शंकर से ख़ुद की तुलना न कर
वो संसार के ख़ातिर विष पी जाते हैं
चल कुछ धुआँ छुड़ाते हैं"।।9।।

"परिपूर्ण न कोई इस जहान में
रिक्तता कोई शख़्स महान में
आख़िर रह ही जाती है
फिर भी ऊँची ख्याति है
तो निश्चित जतन किया होगा
मन से एक प्रयत्न कराते हैं
चल कुछ धुआँ छुड़ाते हैं"।। 10।।

"बुराई भलाई दोनों घर करती
शरीर वही अलौकिक गाँव
डूबती सृष्टि को पार करती
मनु की लड़ती लौती नाव
अपने शरीर को कोशिश कर
कश के पार लगाते हैं
चल कुछ धुआँ छुड़ाते हैं"।। 11।।

"चींटी न रोती सूक्ष्म शरीर को
सौ गुना भार भी उठाती वो
रोता मनुष्य है अपने कष्ट को
भागता दृश्य कठिन देखते दो
सीख कर कुछ चींटी से ही
कुछ भलाई का भार उठाते हैं
चल कुछ धुआँ छुड़ाते हैं"।। 12।।

''कोशिश करने वालों की जीत होती है
अमावस काली गहरी अमिट होती है
फिर भी सूरज निकलता है
और सबसे मिलकर कहता है
सोए हुए हर एक प्राणी को
रोज़ दिन नया दिखलाते हैं
चल कुछ धुआँ छुड़ाते हैं''।। 13।।

''छू जाएगा तू ये आसमान
हाथ तो ऊँचा उठा के देख
पूरे होंगे हर एक अरमान
सपना सच्चा सजा के देख
सपने अपने पूरे करने
समय ज़रा बचाते हैं
चल कुछ धुआँ छुड़ाते हैं''।। 14।।

''जीने के हैं दो ही तरीक़े
समझौता या संघर्ष सही से
जी मर-मर के या लड़-लड़ के
लड़, डर-डर के या बढ़-चढ़ के
छोड़ने पीछे खुद की दुर्बलता
दौड़ ख़ुद ही से लगाते हैं
चल कुछ धुआँ छुड़ाते हैं''।। 15।।

''तुरंत कभी न फ़ायदे दिखते
न ही दिखते हैं नुक़सान
कश ही ख़त्म करेगा पहले
जो ख़त्म न किया धूम्रपान
इत्मीनान से फ़ैसला कर ले
चूँकि,
उगे वही जो बीज लगाते हैं
चल कुछ धुआँ छुड़ाते हैं''।। 16।।

''कितना प्रदूषण फैला हुआ है, देवालयों में भी तो धुआँ है
चूल्हे से लेकर चिता तक, विकास से लेकर विनाश तक
व्यसन, वाहन, विस्फोट, वनाग्नि की वारदातें हैं
मानव पग-पग पर कितनी आग लगाते हैं
इस आग को बुझाते हैं, चल कुछ धुआँ छुड़ाते हैं''।। 17।।

''ये जीवन है काग़ज़ एक कोरा
जो मन चाहे रंग उड़ेल
बना दे कोई तस्वीर तिलस्मी
या बना दे कोई सूखी बेल
बिखरे पड़े है रंग सुहाने
हवा से थोड़ी साँस चुराने
पेड़ एक नया उगाते हैं
चल कुछ धुआँ छुड़ाते हैं''।। 18।।

"जो न फूँके वो ही जाने
कितनी जद्दोजहद एक साँस पाने
करनी पड़ती प्रति पल तब
खींचे क़रीब कोई दो कश जब
साँसें फूलने लगती हैं
हथेली बीजना करती हैं
हद दो कश कष्ट दिलाते हैं
चल कुछ धुआँ छुड़ाते हैं"।। 19।।

"बच्चों की साँसों से खेले
गली मोहल्ले कचरा फैले
कितनी और गंध फैलानी है
अल्प मज़ा अंततः ग्लानि है
न भाए कुछ को कश की बास
बताएँ कुछ तो आदत विनाश
ऐसे कश को डटके आज मिटाते हैं
चल कुछ धुआँ छुड़ाते हैं"।। 20।।

संघर्ष सत्य

कुचल कर उस निर्जीव के प्रेम को, मैं सजीव होने चला
बदलने अपने जीवन को, और जीवन का होने चला
न ही अब कोई प्रलाप ही होगा, न ही कोई वार्तालाप
निष्ठुर करके अपने मन को, देह पाएगी मुक्ति आप
बहुत जी चुके जल-जल करके, धुएँ जैसे पल-पल मिटके
अब तप करके अपने जीवन से, इस धुएँ को ही मिटाते हैं
चल कुछ धुआँ छुड़ाते हैं, धूम्रपान मिटाते हैं।। 1।।

मन मेरा मजबूत हो चला, संघर्ष करने को तैयार
मुहब्बत नहीं न.फ़रत ही अच्छी, उससे जिसने रखा बीमार
ए कश ए चुरुट सुन अब, निकट कभी न आऊँगा
रुसवा करके तुझको ख़ूब, ख़ुद-ब-ख़ुद दूर हो जाऊँगा
धुआँ उड़ाना ख़ास काज नहीं, अब इस लत से निजात पाते हैं
चल कुछ धुआँ छुड़ाते हैं, धूम्रपान मिटाते हैं।। 2।।

अपने साथ औरों को भी मारे, आत्मघाती ये औज़ार
हवा में घुल के ज़हर घोले, घुसपैठिया घर के आर-पार
साँसों में मिलके शरीर में होले, बहुत तेज़ इसकी र.फ़्तार
शरीर में बस के शरीर को मारे, मंद-मंद इसका प्रहार
धुआँ धरा पर चीज़ है ऐसी, सबके दम घुट जाते हैं
चल कुछ धुआँ छुड़ाते हैं, धूम्रपान मिटाते हैं।। 3।।

देश से बड़ा कोई धर्म नहीं, न ही कोई निहित स्वार्थ
देख ध्यान से सबसे बड़ा है, देश विरोधी हर अपराध
जो न सज़ा मिली कभी, इन राष्ट्र विरोधी तत्त्वों को
नशे में डोलती मिसाल मिलेगी, आने वाली नस्लों को
मुफ़्त में मिली आज़ादी का, मोल सही चुकाते हैं
चल कुछ धुआँ छुड़ाते हैं, धूम्रपान मिटाते हैं।।4।।

अनुभूति अष्टक

कर कोशिश जीवन जीत लिया
व्यसन विसर्जन नित किया
सच जीवन में रंग बड़े
सब अपने मेरे संग खड़े
तारीफ़ों के पुल बँध जाते हैं
फूलों-सी सुगंध महकाते हैं
लत दुर्गत से सबको बचाते हैं
धूम्रपान मिटाते हैं।। 1।।

मैं कर सकता हूँ तो तुम क्यों नहीं
मैं लड़ सकता हूँ तो हम क्यों नहीं
दूसरा हराता हमें बाद में
क़िस्मत की करता नहीं बात मैं
ख़ुद से ही तो सबसे पहले
अक्सर हम हार जाते हैं
जी जान से लड़ के दिखाते हैं
धूम्रपान मिटाते हैं।। 2।।

जीवन जीने को अपने ढंग से
हर कोई आज़ाद है
पाप है जो सबके लिए
किसी के लिए वो पाक है
पर भीतर से मन भी जाने
कौन से काम ग़लत कहलाते हैं
उस ग़लती से ख़ुद को बचाते हैं
धूम्रपान मिटाते हैं।। 3।।

भटका हुआ है ये मन टेढ़ा
लिपा हुआ धुएँ से फेफड़ा
नित कालिख जिस पर पुतती नई
पहले ही रोगों की कोई कमी नहीं
तो फिर क्यों लोग अपने पैसे से
आप बीमारियाँ ख़रीद लाते हैं
हद दो कश कष्ट दिलाते हैं
चलो, धूम्रपान मिटाते हैं।। 4।।

रोज़ सोए कोई भूखा निर्धन
रोज़ जाने कितना ही धन
धूम्रपान में फूँका जाता है
उसमें जितना दाना आता है
उतना ही बस दान देकर
थोड़ी तो क्षुधा मिटाते हैं
किसी उदर की आग बुझाते हैं
धूम्रपान मिटाते हैं।। 5।।

शुद्ध हवा का झोंका ताज़ा लगता है
क़ुदरत की गोद में अच्छा लगता है
मन मासूम बच्चा लगता है
बचपन ही तो सच्चा लगता है
इतनी सच्चाई लेकिन रही कहाँ
झूठ जाने कितने छुपाते हैं
साँसों को स्वच्छ बनाते हैं
धूम्रपान मिटाते हैं।।6।।

सच तो है बस इतना-सा
कश जो तूने खींचना था
तो दवा भरोसे जीना था
इतना ही बस कहना था
दवा न भाती किसी को भी
दुआ न लगती सबको ही
जाने क्यों झूठा रौब दिखाते हैं
धूम्रपान मिटाते हैं।।7।।

उम्मीद है कुछ सीखा होगा
धुएँ से पार कुछ दीखा होगा
कोई ये कल्पित कथा नहीं
किसी एक की ये व्यथा नहीं
बिरले ही मिलते हैं अपवाद
इतने ख़ुशक़िस्मत हैं आप
कि रोज़,
ज़िंदगी का जुआ लगाते हैं
इसलिए, धूम्रपान मिटाते हैं।।8।।

सार्थकता सप्तक

ये थी छोटी एक कहानी
न कोई राजा न कोई रानी
आप ही बादशाह अपने जीवन के
करें न्याय अपना हित चुनके
देख बहुत से मंजर जीवन भर
सच निचोड़ ये लाते हैं
दो कश कम ही काम आते हैं।। 1।।

है उन्माद बस कुछ पल का
है अपवाद जीवन भर का
पर आदि काल से ज़िंदा है
बरबादी पाल के शर्मिंदा है
अब मानव ढूँढ़ तू जवाब इसका
चौतरफ़ा नुक़सान, तुझे क्यों भाते हैं
दो कश कम ही काम आते हैं।। 2।।

पहचान बढ़ी, बड़े बच्चे मिले
पर कितने दोस्त यहाँ सच्चे मिले
सब दो कश के साथी हैं
हम ख़ुद ही कितने स्वार्थी हैं
इस याराने पर फिर इतराना कैसा
गले लगा लोग भूल जाते हैं
दो कश कम ही काम आते हैं।। 3।।

जब दुर्गति मनुज पर छाती है
उससे पहले मत मर जाती है
इंसान के पतन से पूर्व कहीं
उसकी बुद्धि भ्रष्ट हो जाती है
विनाश काले विपरीत बुद्धि
ख़ुद अपनी क़ब्र बनाती है
ऐसे हठी अधर्मी दुर्योधन को, न
देव, देवव्रत, द्रोण ही समझा पाते हैं
दो कश कम ही काम आते हैं।। 4।।

समय रहते चेत जाना सही
पलट के वक़्त ने आना नहीं
मौक़ा खो के पछतावा है
लगाव नहीं कश लावा है
अपने अंदर है आग लिए
भड़के जो जिगर जल जाते हैं
दो कश कम ही काम आते हैं।। 5।।

सेहत से बड़ा धन है क्या
मेहनत से बड़ा रण है क्या
ख़ुश कौन बिस्तर में पड़े-पड़े
फ़ौलाद बने लोहा लड़े-लड़े
ख़ुद पर भरोसा बढ़ जाता है
जब हम अपनी क्षमता बढ़ाते हैं
तब, दो कश कम ही काम आते हैं।। 6।।

कहना सरल है करना कठिन
करते अटल हैं, रखें ख़ुद पे यक़ीन
वरना, कल कल कर दिन बीत जाते हैं
पर न कह कह कर भी, नित लगाते हैं
दो कश के आशिक़ इतना समझ ले
अंधे इश्क़ में अक्सर घर डिग जाते हैं
तब, दो कश कम ही काम आते हैं।।7।।

प्रेरणा चतुर्थक

हर कार्य कठिन लगे करने से पहले
हार सहज लगे लड़ने से पहले
पर प्रयास करते-करते, पुरुष निपुण हो जाता है
पार समर लड़ते-लड़ते, अभिमन्यु कर जाता है
भय होता भीतर सबके मन में
जय पाता निडर जीवन रण में
चुनौतियों को जो अपने कौशल से गले लगाते हैं
वही चक्रवर्ती 'राजा' चतुर्दिक चरित वीर कहलाते हैं
चल कुछ धुआँ छुड़ाते हैं, धूम्रपान मिटाते हैं।। 1।।

मानव है तू तुझे बस, इच्छा शक्ति चाहिए
ठान ले जो मुझे इस, ज़हर से मुक्ति चाहिए
तो कोई तेरे अधरों पर, ये आग न रख पाएगा
ख़ुद से जो तू जीत गया, तो नव जीवन पाएगा
स्वस्थ जीवन की राह में, चल मिसाल नई बनाते हैं
भटक चुके जो जिस भी कारण, उन्हें दिशा नई दिखाते हैं
चल कुछ धुआँ छुड़ाते हैं, धूम्रपान मिटाते हैं।। 2।।

ऊपरवाला जब जुट जाता है
हाथ पकड़कर लिखाने को
अपने आप गीत बन जाता है
सबको यही बताने को
हो सच्ची श्रद्धा और काज नेक
तो राह ख़ुदा बनाते हैं
चल कुछ धुआँ छुड़ाते हैं
धूम्रपान मिटाते हैं।। 3।।

गिनके अतिरिक्त इक्कीस मनके
सौंपता हूँ तुम्हें समझने इनके
फ़लसफ़े फ़ायदे और नुक़सान
ध्यान से चुनना वो भगवान
जो नेक राह दिखाए, जब करो बंदगी
उम्मीद है एक तो भाएगी, ज़िंदगी
या, दो कश ज़िंदगी।। 4।।

दो कश ज़िंदगी

दो कश ज़िंदगी,
से आगे भी है कुछ बताने को
अपने ही शौक़ छूट गए, ख़ुद से आज अपनाने को
थी माचिस भी पास, और बहुत कुछ क़ैद सीने में
पर नहीं बढ़े हाथ, अपना ही इतिहास जलाने को।।

ज़िन्दगी भर के छाले छुपाए हुए हैं
एक हसीन कल के बहाने मुस्काए हुए हैं
समझे कोई ख़ाक इन मुस्कुराहटों के राज़
एक हँसी के पीछे कितने अश्क छुपाए हुए हैं।।

छुपाए हुए हैं, शब्दों में धड़कन की गूँज
चुराए हुए हैं, शबनम से स्याही की बूँद
कोई नज़्म ना समझे नासमझी को मेरी
इसी घबराहट से अपनी आँखें लीं मूँद।।

अब धुकधुक करती, इन नब्ज़ों की बात कौन समझे
दो कश के साथ, क्या कुछ फूँक आए कौन समझे
आँखों का तो काम ही है सपना सजा लेना
जो सपने आँखें मलते रह गए, उनके जज़्बात कौन समझे।।

बस हक़ीकत इतनी ही, समझा ऐ ज़िंदगी!
दूर से हर घर साफ़ है, रहते दिखे गंदगी
और किसी सफ़ाई की शायद अब ज़रूरत नहीं

अपने आप ही दिखाई दी ख़ूबसूरत ज़मीं
पर, दो कश ज़िंदगी
मेरी,
'दो कश ज़िंदगी'।।